チベットから嫁に来た私の物語

こんにちはバイマーヤンジンです。

Bema Yangjan
バイマーヤンジン

致知出版社

こんにちはバイマーヤンジンです。

推薦のことば

「物で栄えて心で滅ぶ」と云われる日本！　家族・民族・国に感謝と誇りを持ち、恩返しに故郷チベットに「学校建設」を続けるヤンジンさんの講演と歌に、私は感動しました。

文部科学大臣・衆議院議員　河村建夫

バイマーヤンジンさんは素敵な人です。歌も素晴らしいし、話も素晴らしい。バイマーヤンジンさんの話には日本人が失った心のふるさとがある。日本のすべての子供たちに聞かせてあげたい。

ハーバード大学名誉教授・数学者　広中平祐

はじめに

この本をお手元に取っていただき、どうもありがとうございます。

大学で声楽を専攻した私は、歌手としてコンサートでよくチベット民謡を歌っています。

ただ、日本の皆様はチベットのこと自体あまりご存じではないので、少しでも理解していただこうと、いつも歌う前にチベットの生活習慣、文化、教育、経済のことなどをお話しするようにしています。お陰さまで、行く先々で好評を得て、いまでは日本各地より講演の依頼もたくさんくるようになりました。

先日、致知出版社主催の講演会にお招きいただき、お話し致しましたところ、同社の藤尾社長よりぜひこの講演を本にして出版するように勧められました。

しかし、私は日本での経験もまだまだ少なく、薄学のため各方面での知識もありません。

本を出すなど、私にとって恐れ多いことです。社長のせっかくのご厚意ではありましたが、最初はお断りさせていただきました。

藤尾社長は情熱のかたまりのような方です。

「この本はきっと現代日本の社会に役に立つ。幸せのあり方、家族のあり方についても考えさせられるとてもいい内容だ。いま一度前向きに考えてもらえないだろうか」と社長自ら私を説得するため、わざわざ大阪までお越しくださいました。

実は、大阪に来られる数日前、社長はのどの手術をされて、お医者さまから声を出すことを止められていました。けれども、私と会った瞬間、社長はそんなことは気にもかけず、この本にかける思いを一生懸命話してくださいました。

私は藤尾社長の熱意とその姿勢に感動し、講演内容を本にすることに同意し、出版に関してもおまかせすることに致しました。

この講演録の中で、私は九年におよぶ日本の生活で感じたことを率直に申し上げました。

講演はテーマと時間が限られており、言葉遣いもところどころ雑になり、内容によっては自分が伝えたいことを完全に述べることもできませんでした。

また、身振り手振りでしゃべったものを文章にすると、その雰囲気もずいぶん違ってきます。

どうか大きなお心でご覧くださいませ。

私の話が皆様の人生に少しでもお役に立てればうれしいです。

なお、この本の収益はすべてチベットでの学校建設基金に充てさせていただきます。

いままで私を支えていただきました日本の皆様に感謝の気持ちを込めて。

二〇〇三年八月　チベット、ラサにて

バイマーヤンジン

こんにちはバイマーヤンジンです。◉目　次

写　真◆齋藤秀樹
装　幀◆川上成夫
編集協力◆柏木孝之

みなはん、こんにちは（笑）。

今日は雨の中、わざわざ話を聞きにきていただきましてありがとうございます。

私は最近、町とか村とか郡の主催が多くて、ほとんど地方回りでしたが、今日はやっと東京進出をはたせまして、きのうからわくわくしておりました。

こういうすてきな出会いの機会をつくっていただきました致知出版社の皆様に本当に感謝しております。

私と致知出版社の出会いというと、ある日、致知出版社から大阪の事務所に取材をさせていただきたいという電話がありました。

実は私が日本に来たばかりのとき、最初に私を載せてくださったのはある有名な大衆紙でした。

その日はもう待って待って、やっと駅でその新聞を買うと、私の写真が大きく載っていました。

でも、次のページを開くと、あまり服も着ていない女の子の写真がいっぱい載っています（笑）。なんか変な新聞に載せられてしまったとびっくりしました。

ですから今回、「チチ」という言葉を聞いて、またその方面ではないかと思いましたので（笑）、確認するためまず雑誌を送っていただきました。

開いてみると、なんか堅そうなおじ様ばっかりが載っていました（笑）。

少しずつ読んでみると、現代日本社会に存在している各方面の問題を取り上げ、そしてとても真剣に議論をしているたくさんの素晴らしい文章に感動をして、喜んで取材を受けました。

その記事のお陰で、たくさんのご縁をいただきました。いままでは致知出版社に大変感謝しております。

「モンゴルの歌はいいですね」

皆さん、チベットをご存じですか。

私はチベットで生まれて、チベットで育ちましたから、世界で一番有名なところはチベットだと思っていました。

日本に来る前は、日本も仏教の国だということで、きっとチベットのことをご存じなのではないかと思いこんでいました。

しかし、日本に来てみると、意外にチベットのことが知られていません。

たとえば、私は民族衣装を着ないと日本人と間違えられます。

「いや違います。外国人よ」

「へえー外人さんですか。どこから来はったんですか」

私はもう自信満々で

「チベットからまいりました」

と言うと、

「へえ？　どのへんですか。モンゴルですか」(笑)

と、ほとんどの人が聞かれます。

チベットと言っているのに、どうしてモンゴルと聞かれるのか。とても驚きました。

しかし、本当に驚いたのは、

「チベットはあんまり知らんけど、大相撲の旭鷲山を一生懸命応援してますよ」（笑）

と言われることです。

やっと旭鷲山が落ちついてきたと思ったら、今度は十一月場所で朝青龍という人が優勝したそうです（笑）。

すると、私の家に電話がかかってきて、

「ヤンジンさん、よかったね。よくがんばりました、おめでとう」

私は何をやったかなと思ってびっくりしていると、

「だって朝青龍が優勝したじゃないですか」

と言われます。

朝青龍と旭鷲山を応援していただくのは本当にありがたいことですが、私はあのお二人と何の関係もありませんので、私にまで知らせていただかなくてもいいのにといつも思っています（笑）。

日本ではチベットとモンゴルは同じ場所だとか、同じ民族だと思っている方が多いようですが、実は全然違います。

モンゴルは中国とロシアの間、チベットはどんどん西のほうにきて、インドとネパールのすぐ北側になります。

しかし、インドとネパールの北側というと、この間、ネパールの国王

が殺されるという大変な事件があったときにも、

「ヤンジンさん、大変だったね」（笑）

と言われたりしました。

私が歌をうたうと、

「本当にモンゴルの歌はいいですね」（爆笑）

と言われて、ちょっとさびしい気持ちになります。

また、私はよく田舎のほうに行きますが、皆さんが言われることはだいたい同じです。

「ヤンジンさん、遠いところをありがとう。うちのこの辺は山ばかりで冬は寒くて、交通の便も悪くて、何にもないところでごめんなさい。

でもね、このへんはよく『日本のチベット』と言われておりますよ」

（爆笑）

私はどうして何にもないと、「日本のチベット」なのかお聞きしたい。

しかし、皆さんには悪気がないし、笑顔で言われると、どうしてチベットはそういうイメージなのか聞けません。

しかし、そう言われると、「はあはあ」とは言っていますが、心はとても重くなります。

もともとは私は歌手ですから、歌だけうたっていればいいのですが、どうしても自分が生まれたチベットを日本の人に知ってほしい。

だから、絶対日本語を覚えて、少しずつ自分の口でチベットのことを伝えていこうと思いました。

チュパで子育て

皆さんによく聞かれます。

「チベットって一つの国ですか。それとも一つの地域ですか」

「旅行に行きたいのですが、どこでどうやってビザをとればいいんですか」

と。

チベットはいまは中国の一部になります。一つの国ではありません。

日本でも少しは知られているチベット自治区以外にも、たとえば青海省全域、甘粛省、四川省、雲南省にもたくさんのチベット自治州というのがあります。

ビザももちろん中国領事館でとれます。

しかし同じ中国籍といっても、私たちは漢民族等の人たちとは文化的に大きな違いがあります。

たとえば私が日本の小学校に行くと、子どもたちから、

「ニーハオ、ニーハオ」

と言われます。

「ニーハオ」は中国語の「こんにちは」です。

子どもたちがせっかく挨拶をしてくれるのですから、私も「ニーハオ」と一生懸命言うのですが、実はチベット民族にはチベット語という言語と文字が七世紀から存在しており、いまでも家庭生活の中や、チベ

ット人同士の間で広く使われております。

ステージの上には先生が大きな中国の地図をかけてくれているので、子どもたちは私を中国人だとしか思っていませんが、中国の中には五十六の民族が存在しています。

その中でとても大きな特色があるのがチベット民族で、ちゃんと自分の言葉を持っています。

たとえばチベット語の「こんにちは」は「ジャシデレ」と言います。「ありがとうございました」は中国語では「シェーシェー」、チベット語では「トゥジェチェ」と言います。

そして意外なことにチベット語と日本語とは似ています。

たとえば数字です。

「一、二、三、四、五、六、七、……十」は「ヂィ、ニイ、スム、シイ、ンガ、トゥ、ドゥン、……ヂュ」

「十一、十二、十三、十四……」は「ヂュクヂ、ヂュンニィ、ヂュクスム、ヂュプシー……」です。

チベット文字もあります。

日本語は「あいうえお　かきくけこ……」と五十音がありますが、チベット語も「ཀ、ཁ、ག、ང、ཅ、ཆ、ཇ、ཉ……」と三十あります。

チベットの歴史上、チベット語を勉強することができなかった時期がありました。

ですから、私たちの世代で、チベット文字の読み書きができない人もたくさんいました。

いまは、チベットの一部の学校で、チベットの文字を勉強できるようになりました。

チベットの文字も世界の人に知っていただければうれしいです。

私が着ている民族衣装をチュパといいます。しかし、これはすこしアレンジしています。

なぜかというと、日本は暑い国ですから、とても薄い生地にしました。

それから、小学生が必ず手を挙げて、

「ヤンジンさん、なんでエプロンをかけているんですか」

と質問します。

これはエプロンといったらエプロンなのですが、チベット語ではバンデンといいます。

チベットの女性たちにとってはとても大切なものです。

なぜかというと、昔から、結婚したらつけるものだからです。

「なぜ片袖しかないのですか」

ということもよく聞かれますが、実は普段着の袖はとても長く、そして中に羊の毛皮がつけてあるので、仕事がしやすいように右袖を抜いていて、寒いときはすぐはおれるようにしているのです。

だから片袖しか見えないのです。

赤ちゃんが生まれたら、カンガルーと同じように、親のふところに入れて子どもを育てます。

そして、髪の毛の飾り、数珠《じゅず》やお守り入れもチベット人には欠かせません。

こういうチュパという民族衣装は、チャイナドレスとはまったく違います。

チベットのバス

日本とチベットは似ているところもありますが、違うところもたくさんあります。

ずいぶん前の出来事ですが、私自身も

「エッ？　ここまで違うかな」

と思ったことがあります。

その出来事とは、日本に来て間もないとき、チベットの両親が病気に

なりました。特に母親は死ぬかもしれないから、

「会いたい、帰ってきてほしい」

と言ってきましたので、私は帰ることにしました。

私の主人は日本人です。大阪生まれの大阪育ちなのですが、自分も行きたいと言います。

「なに言うてるん。真冬だし、行かないほうがいいよ」

と言いましたが、行きたいと。

でも、私の田舎は少しだけ時間がかかります。

まず、関西空港から飛行機に乗って上海まで行き、上海でもう一度乗り換えて四川省の成都という町まで行きます。

ここまではすぐ着きますが、私の田舎には飛行機がありませんし、新

幹線みたいな鉄道もまったくないので、そこからバスに乗って、順調にいけば二日で家に着きます（笑）。

こういうところですから、主人に二日間のバスは耐えられないと私は思いました。

しかし、主人は、

「チベットで満天の星と青い空を見たいから行きたい」

と言います。

二人で帰ったら、きっと親も喜んでくれるのではないかと思って、

「じゃ、行きましょう」

と言ったわけです。

そのバスですが、日本のバスとちょっとだけ違います。主人が驚いた

のですが、たとえばバスの窓ガラスが割れています。

「なんで割れているの」

「割れてるから割れてるんやないですか」（笑）

でも、その日はやさしい運転手さんで、その割れたところにちゃんと段ボールを張りつけてくれていました。

しかし冬ですから風が入ってくるし、車内は暖房もない。その上、通路側もぎっしり荷物が置いてあって、その上に人が乗っています。

そして道が悪い。ガタガタガタガタしますから、手すりにつかまっていないと、絶対飛びます。確かにバスの中でみんな飛んでいる。

ぶつぶつ文句ばかり言っていた主人も飛び上がって、天井に頭を打って静かになりましたが（笑）、そのバスの中で二日間です。

出発前、二日間と聞いたときは、主人も「ああ、そうか」という感じでしたが、乗ってみると、そこそこ辛いことでございます(笑)。

主人は一日目は頑張っていましたが、二日目になると、この世に不満を持っているような顔をして、

「あと何キロなの、あと何時間なの」

とずっと聞きます。

「二日間って言ったじゃないですか」

私自身も正直言うと、その二日間は辛い。

しかし、私には希望があります。親が待っている、家族が待っている。だからこのぐらいのことは、我慢すればますます喜びが大きくなるのです。

しかし主人は私の親と会うのをそこまで喜ばないかもしれないし（笑）、もう目の前の辛いことだけでしんどがっている。

そんな主人になんとか希望を持ってもらおうと、

「がんばって、この草原を越えたらすぐ家よ」

と言いました。しかし、この草原を越えるのに五時間かかるとは言いませんでした（爆笑）。

けれども、人間は希望を持って生きなければいけません。そうしたら主人はすぐ気が鎮まって顔が楽になりました（笑）。

大阪よりちょっと寒い

やっと私の田舎に着いたときには、主人はフラフラで弟二人にかつがれてバスから降りたのです。

次の朝、主人を起こしにいってとても驚きました。顔色が紫になって、毛穴が開いています（笑）。

「大丈夫ですか」

「いや、頭が痛い、息が苦しい、もう吐きたい」

と言うので、急いで病院に連れていきました。先生に高山病と言われました。

皆さん、高山病にかかったことはありますか。

どうして高山病にかかるかというと、日本の富士山は高さが三七七六メートルですが、チベットは平均の標高が四二〇〇メートルもあるからです。

ですから、チベットは「世界の屋根」「天に一番近い国」と呼ばれているわけです。

そうすると、どういうことがあるかというと、沸点が日本と違います。日本は百度で、チベットは八十五度。

たとえばお米を炊くのに、日本はボタン一つでできあがるけれども、チベットは二回炊かないと芯が残って食べられません。

たとえば私もいろいろなお土産を買って帰るときがありますが、真空パックされているものをチベットに持っていくと、途中から袋がパンパンになります。

歯磨粉でも、日本では蓋を開けて押すと出てきますが、チベットでは蓋を開けた瞬間に飛び散ります（笑）。

これは気圧の違いから起きた現象です。

私も一回、失敗しました。

チベットではライターは火をおこしたりするのにとても助かりますから、友達にプレゼントで買っていきました。

しかし、日本でちゃんとついていたのに、チベットに行ったらまったくつきません。

百円ショップで買ったので悪かったかなと思ったのですが（笑）、これはチベットの酸素が薄いからです。

主人も酸欠が原因で、高山病にかかってしまって入院したわけで、私は本当に悔しかったです。

いったいなぜそんなに急いでチベットに帰ったかというと、私の親の病気見舞いのためです（爆笑）。

しかし、主人が入院して、うちの両親が杖をついて一生懸命病院に見舞いに来てくれました。それは本当に親に申し訳なかったです（笑）。

しかし、

「ここの山は高いから、酸素が薄いよ」

と言うと、チベット人に怒られます。

「私たちは何十年もなんともなかったのに、なんであんたたちが来たら、酸素が薄くなるんだ。吸いすぎたんじゃないですか」（笑）

と、たぶんそういうふうに言われるでしょう。

うちの親は学校にも行ったこともないし、そんなに難しいことを言ってもだめなのです。だから、疲れたからだと言っておきましたが、主人も少しずつよくなって三日で家に帰ってきました。

すると、また主人が、

「チベットは寒いですね」

と言います。

「冬だから寒いのは当たり前じゃないですか」

「いや違う、ホンマに寒い」（笑）

ホンマに寒いと言われても、私の田舎は当時天気予報がありませんでしたから、気温が何度あるかなどだれも知りません。ただ、みんな自分の肌で天気を感じて、

「ああ、今日は一枚にしようか、もう一枚着ようかな」

と考えます。チベットではもっと寒い地域はたくさんあるから、だれも「寒い」などとは言いません。

主人は身長が百八十センチもあるのに、町を歩くときは本当に百六十センチぐらいに縮こまって、肌が痛いと言います。

幸い、主人が日本から標高を計る機械や気温を計る機械を持ってきていたので計ってみたら、その日の気温はマイナス二十度でした（爆笑）。

私はその機械を見て、

「たしかに大阪よりはちょっと寒いかも」（笑）

と思いました。

それで文句を言わずに主人にコートを着せてあげたのですが、それはチベットでは普通です。

家の中にはもちろん暖房やコタツはありません。

日本では暖房、コタツの上にドテラがある。その上カイロまであって
びっくりしました。

今朝も家を出るとき、日本の母親に、

「東京は寒いからね、カイロを張っとき」

と言われました。

前に一度張ってくれて、暑くて気持ちが悪かったので、私はいらない
んです。けれども、

「張っとき、張っとき。風邪引いたらあかんから」

と言われるので、

「お母さんありがとう。今日は分厚いコートを着るから大丈夫」

と、コートを着て出ました。

途中で、なにか暖かいなと思ってポケットを見ると、カイロが二つ入っていました（笑）。

麦こがしとヤクの糞

チベットの主食はツァンパといい、東京だと「麦こがし」、関西だと「はったい粉」です。

これは、日本も戦争の直後によく召し上がっていたそうです。チベットの遊牧民は朝昼晩ずっとそれを食べます。

そして、寒い地域に行くと熱いバター・ティーがとても大切です。お茶の中にバターとお塩を入れて撹拌《かくはん》したものです。
私たちは朝起きて、バター・ティーを一口飲むと、胃までスーッとしますが、主人は、
「なんで朝起きたばっかりなのに、あんな脂濃いものを飲まないといけないの」
と言います。
また、ツァンパのつくり方もチベットは独特です。
熱いお茶の中にバターをたくさん入れて、はったい粉を入れて、手でこねて食べます。
母親が主人のために一生懸命ツァンパをつくりました。
できるだけバターが出るようにと、こねてこねて団子にして、主人の

前に差し出しました。

そうすると主人はいきなり私の顔を見て、

「助けて」(笑)

という顔をします。

ツァンパをいやがっているのか、それとも母親の手をいやがっているのかわかりませんでしたが、私だって日本に来たときいろいろあったから、知らん顔をして放っておきました(笑)。

主人は仕方なく母親からそれを受け取りました。

一口嚙んだ瞬間に、

「ウエッ」

と言いだした主人に、私はびっくりしました。

わけがすぐにわかりました。

私の田舎では大きな鉄のコンロでご飯をつくります。その鉄のコンロの唯一の燃料は、ヤク（チベット特有の毛の長い牛）の糞です。

コンロの前に大きな箱があって、箱の中にきれいにヤクの糞を積めこんでいます。

ナマではなく（笑）、ちゃんと乾かしたものです。

なぜかというと、四二〇〇メートルとなると、木が育たないので薪がほとんどとれません。電気は水力発電なので照明だけでギリギリです。ガスなどもありませんから、牛の糞を使うわけです。

母親は主人にはったいい粉の団子を渡して、ついでにその手でヤクの糞をコンロに入れました（笑）。

それを主人が見てしまったのです。

私は、

「大丈夫、大丈夫、死なないよ」

と言ったけれども、主人は、

「ヤクの糞だろ！　くさいし、汚いよ」

と騒ぎ出しました。

くさいと言われたときには、私はちょっと腹が立ちました。

「何を言ってるの。あれはくさいんじゃない。香りなの」(笑)

私たちにとってはヤクの糞をくさいなどと言っている場合ではありません。ヤクの糞がないと温かいものを食べられないから、拝みたい気持ちなのに、それを「くさい」と言われたら、私はやっぱり怒ります。

でも母が悪かったのは、ヤクの糞を入れたその手を、服の脇でちょっと拭いて、また団子を握って主人に差し出したことです（笑）。

「お母さん、もういいよ」

ととめたのですが、主人はもう信じられないという顔をしていました。綺麗《きれい》で衛生第一の日本で八年暮らしてみて最近、やっと主人の当時の気持ちがわかるようになった気がします。

そして、主人が関西空港に戻ってきたときのあの目の輝き。

「ああ、着いた着いた。日本に着いた」

といきなり元気になって、私のカバンなんか背負って、

「はい、帰ろう」

チベットにいるときはヨロヨロしていたのに「何だ」と思うぐらいに

元気になったのを見て、人間は気候とか環境によって左右される本当に小さい存在だなと思いました（笑）。

主人とは付き合いが長かったので、普段は、日本人だとかチベット人だとかあんまり思わないのですが、そのときは、二人が育てられたところが違うということをしみじみ感じました。

ダライ・ラマの親戚？

私はチベットが好きだからチベットに生まれたわけではありません。人間は生まれる場所をえらぶことができません。私たちはみんなそうでしょう。生まれる前は、チベットも日本も、この世の中のことはだれも

父と母

ヤギの乳しぼり

チベットの生活に欠かせないヤク

燃料にするヤクの糞

牛の目玉の料理はごちそう

タルチョ（仏教の祈りの旗）

知りません。

私もチベットでは一度も、自分がチベット人だという意識をしなかった。日本に来て、いろいろな人から、

「チベット人なんですか？　チベットから来たんですか」

と言われているうちに、初めて意識し始め、なぜチベットに生まれたんだろうと考えるようになったんです。

なぜ私がそういう地域に生まれたのかというと、お父さん、お母さん、おじいちゃん、おばあちゃん、ひいおじいちゃん、ひいおばあちゃんがみんなその大地とご縁があったからです。

祖先たちが必死に生きて、一生懸命に生き残ったから、私がそこに命をいただいて、川のお水を飲んで、はったい粉を食べて、いまの元気な

自分がいるわけです。

だから、いくら外の世界から、

「チベットは貧しいですね。あんなところでよく生きられるね。大変ですね」

と言われても、私自身は自分の故郷が大好きです。

いまでもチベットに生まれてよかったと本当に思っています。

貧しいことはいろんな自然環境と生活事情によるものです。恥ずかしいことではないです。

しかし、貧しくて、その上に怠けていたら恥ずかしいことですが、私は努力をして変えようとしているから恥ずかしくはありません。

私はそういうところで生まれて、日本に来たわけです。

たとえばチベットの小学校の入学率は、都会では九〇パーセント、農業地域に行くと六〇パーセント、遊牧民たちは約四〇パーセントしかありません。

遊牧民たちは羊と牛に草を食べさせるためにずっとぐるぐる移動しなければなりません。だから、入学率が低いし、厳しい地域なのです。

こういう話を申し上げますと、ほとんどの方は

「あんた、大学まで行って、お家、金持ち？」

とか、

「幹部の子でしょう」

とか言われます。

たまに、

「ダライ・ラマさんの親戚？」

とか聞かれてびっくりします。

私たちにとって、ダライ・ラマ様といえば、本当に天に昇る生き仏で、私たちとは全然違う世界の人、拝む人です。

そして、私の親とか家族は決してお金持ちでも、幹部でもありません。チベットでも貧しい家庭のほうでした。

その私がなぜ大学まで行けたかというと、両親のお陰なのです。

ヤクや羊と文通するわけではない

私の母親は字が読めません。昔は別に字が読めなくても大丈夫でした。

なぜかというと、わざわざ遠い所までお金を払って学校に行っても、帰ってきて、ヤクや羊と文通するわけではないし（笑）、羊に本を読んであげようかということもないので、必要がありませんでした。

しかし、あるとき、母親が重い病気にかかりました。自分の町ではどうしようもないので、三日間、バスに乗って、四川省の成都に行きました。

そこで母親が一番困ったのはトイレです。

なぜかというと、私の田舎は、特に私たちが小さいころは、住んでいる家がボロボロですから、わざわざお金を出して立派なトイレをつくる人はだれもいません。

トイレといったら、家から一歩出て、見渡すかぎりの草原、真っ青な空のもと、好きな場所でどうぞ（笑）。それが小さいときのトイレでした。母親はそれに慣れていました。

しかし、都会に行くとそういうわけにはいきません。家のような立派なトイレがあって二つに分かれています。そこに字が書いてあるけれども、母親はわかりません。

急いでいたので、とにかく一つのほうに入りました。

ところが、運悪くそれが男性のトイレで、ちょうど漢民族の人がいました。

漢民族の人がすべて悪いという意味ではありませんが、チベット人を野蛮だともともと思っているものですから、母親はものすごく怒られたわけです。

そのとき、母親はもう地面に穴があったら入りこみたいほど恥ずかしかったそうです。

そして病院に行っても入院するお金がない。薬をもらっても、痛み止めとか食後とか書いてある字が読めない。先生に聞こうとしても田舎者にはだれも親切にしてくれない。

とても辛い思いをして故郷に戻ってきました。

もう一つ、中国で一時期「土地改革」がありました。

母親の父は広い土地を持っていたので、それを国のものにしようとたぶん政府は思ったのでしょう。母親の前に文章を書いたものを一枚持ってきて、サインをするように言います。

サインといっても拇印《ぼいん》しかできないのですが、

「押しなさい」

と言う。母親はわからないから、

「ちょっと待って。主人が帰ってきてから」

と言っても、

「いろいろ説明するから、それを聞いてちゃんと押しなさい」

と言われて、母親は説明を聞いて拇印を押すと、その日から三分の二の土地が国のものになってしまいました。

でも、母親は決してそういうことは認めていません。

「私はそういう説明は聞いていません」

と言いましたが、

「あんたが自分で拇印を押した」

と言うのです。

実は母親はそれから一九八三年までこのことを訴え続けました。やっと八三年に政府から謝りの言葉が届きました。しかし、それ以外は何もありません。母親は、

「謝ってくれたから、それで気が済んだ。私は死ねます」

と言っていました。

母親は自分が恥をかき、悔しい思いをした中で、もう私の一生は終わりだけれども、子どもたちには絶対そういう思いをさせたくないと、私たちみんなを学校に行かせてくれたのです。

その点では、いまどこにいらっしゃるかわからないけれども、鈴木宗男さんという議員さんも、父親が馬を売って大学に行かせてくれたんだ

という話を聞きました。

「ああ、私と同じ。日本もそういうときがあったかな」

とびっくりしましたが、残念ながらちょっと変なことをしたようです。

公衆トイレで受験勉強

そういうわけで、私は小学校、中学校と順調に進みました。

私には兄弟姉妹が八人います。一人の姉は、八歳の時両親が亡くなったのでうちの親が引き取りました。

一番上の兄はそのまま遊牧民を続けて私たちを助けてくれたので、学校には行けませんでしたが、それ以外は全部学校に通うことができました。そしていままでは、お医者さん、小学校の校長、公務員とそれぞれの職についていています。

私自身、一番ありがたかったのは高校に行けたことです。親にしてみれば中学校まで行ったら十分、どうして高校まで行くのという感じでしたが、試験を受けてみたら、合格したのです。

たくさんの人が受験しましたが、七人だけ高校に行くことができました。一番近い高校は家から三百キロ離れていますので、学校寮に下宿するしかありません。

高校に入ると、私自身はもうここまできたら絶対に大学に行こうと思っていました。

一つは、とにかく先生になって、それから親を楽にしてあげたかった。

私たちの目標はなぜだかわからないけれども、みんな先生になることでした。

もう一つは、遊牧民には二度と戻りたくないと思っていたからです。

日本の方にいまでもよく

「遊牧民は真っ青な空、広い草原で、ゆったりしていいいんじゃないんですか」

と言われます。

けれども、放牧をしているときに、突然雷がくるのを経験したことはないでしょう。

あれがどれほど怖いことか。まわりには建物も何もありませんから、逃げる場所がない。私たちが逃げるのはヤクのお腹の下です。

じっと怖いのを震えて耐えて出てくると、死んでいるヤクまでいるのです。

今年も私の田舎では卵ぐらいの大きさの雹《ひょう》が降ってきて、小学生が一人、頭を打たれて死にました。そういう中で私自身は遊牧民に戻りたくない気持ちもあって、絶対大学に入ろうと決心したのです。

いまの日本の高校生を見ると、びっくりするぐらい皆さん余裕があります。お化粧の仕方も細かくて、あんなに時間があるなら、もう少し勉強をしたほうがいいかなと思うときもあるぐらいです。

私たちは本当に食べる時間を削って、寝る時間も削って勉強をしていました。

私の高校のある地域は、電気は通っていましたが、水力発電のため節電しなければいけないのです。ですから、夜の九時には教室の電気は消えますし、寮も十時までで消灯です。

しかし、十時に寝ていたら、大学には入れません。学習環境にめぐまれていない私たちも、上海とか北京の学生と同じ試験を受けないといけないから、二倍、三倍も勉強しないといけません。

私は十時以降に勉強するところはないかと一生懸命探しました。お金持ちの人たちは懐中電灯を買って、先生に見つからないように布団の中で勉強をします。私は懐中電灯を買うお金もありません。

一生懸命勉強できる場所を探しましたら、公衆トイレがありました。そこには二十四時間、小さい電球がついています。

「やったー」

料金受取人払郵便

渋谷支店承認

7809

差出有効期間
平成25年8月
31日まで
(切手不要)

郵便はがき

1508790

584

東京都渋谷区神宮前4-24-9

致知出版社 行

『致知』年間購読申込みハガキ

FAXもご利用ください。➡FAX.03-3796-2108

お買い上げいただいた
書籍名

フリガナ		性 別	男 ・ 女
お名前		生年月日	西暦19____年 月 日生 歳
会社名		部署・役職名	
ご住所(ご送本先)	自宅 会社 〒 −		
電話番号	自宅 − −	会社 − −	
携帯番号			
E-mail	@		
職 種	1.会社役員 2.会社員 3.公務員 4.教職員 5.学生 6.自由業 7.農林漁業 8.自営業 9.主婦 10.その他		

ご購読口数 (バックナンバーは別売になります)
最新号より 毎月 ______ 冊

ご購読期間 ○印をしてください
3年 27,000円(定価36,720円)
1年 10,000円(定価12,240円)
※年間12冊・送料・消費税含む

※ご購読料の請求書(振込用紙)は、初回送本時に同封させていただきます。
お客様からいただきました個人情報は、商品のお届け、お支払いの確認、弊社の各種ご案内に利用させていただくことがございます。

と思って、本を持っていって開いてみると、字がだいたい読めるぐらいの明るさはありました。

ただ冬は寒くて、震えます。夏はまたくさくて、くさくて大変です。外に出て深呼吸をして、また入って、また読む。そうまでして勉強をしました。

私が大学受験したころ、中国では受験の前に予選というのがありました。

これに合格しなければ、大学受験の資格さえ持てないのです。

しかし、大体この試験で一〇パーセントの学生は落ちます。残った人たちが大学受験をします。

私たちは五十四人受けましたが、その年に通ったのは三人だけです。

私は歌をうたうことができたお陰で、四川音大に入ることができました。本当に神様に感謝しています。

これからの人生はどんなにすばらしいか、やっと自分の夢がかなえられたのです。「やったな」と思って大学に入ると、思いもよらないいじめにあってしまいました。

チベット人は山の中で暮らしていて野蛮だとか、汚いとか、バターくさいとか言っていやがられました。

バタークさいと言われたとき、なんとなくわかりました。私たちは化粧水とか何もなくて、肌を守るために顔中にバターを塗ります。

これはこれは最高の美容クリームです。皆さん、信じられなかったら一度試してみてください（笑）。

私の名前はバイマーヤンジンなのですが、なぜか野蛮の「蛮」と、子供の「子」で「蛮子（中国語の発音で「マンズ」）」とよく呼ばれました。いまでもチベット人といったら「マンズ」。そういう言い方がありますす。

そういう辛い中で何度も大学をやめようと思ったこともありました。けれども、田舎のみなさんが私を待っている。やっぱり故郷に錦を飾らなければいけない。負けるわけにはいかないと一生懸命闘いました。ずっと働いてきたので、力だけはありましたから、我慢できないときには、男子生徒の襟をつかんでパキーンとやったこともあります。男子生徒はガーンと倒れて、実は弱いんだなと思うこともありました。

そういう人たちは口でバーッと言うけれども、闘ったら、みんな負ける。

「ああ、自分は勝った」

これからはだれかいじめてみぃ、絶対倒してやるぞという気持ちになりました。

しかし、そのあとで思い知らされました。暴力では解決できないということ。

そのうち、みんな

「やっぱりチベット人は野蛮だ」

と、元々話をしてくれていた同級生も私をさけるようになってしまったのです。

だから、ブッシュ大統領にもぜひ私のこの経験を教えてあげたいです。

暴力では解決できないのです。こちらが暴力を振るうと、向こうもいつか報復しようという気持ちになります。

そこで、私は字が読めるから自分の思いを文章に書いて先生に渡しました。先生が学校で張ってくれたりして、やっといじめが少しずつ減っていきました。

必死に勉強したお陰で、卒業後私は大学の先生としてそのまま残ることができました。

「チベットってすばらしいところですね」

あるとき、コンサートをしましたら、たくさんの方が来られました。

歌い終わったとき、その中の一人の男性が立ち上がって、私の前にきて、

「チベット人ですか」

と聞きました。

中国語だったので、また変なことを言われるのではないかと警戒心でいっぱいでした。

ところが、

「チベットってすばらしいところですね」

と言ってくれたのです。

その人がいまの私の主人です（笑）。

私はその一言にまいって、日本までついて来ました（爆笑）。

私のまわりのたくさんの漢民族の人はチベット人がきらいなのに、どうして主人はチベットをほめてくれたのか。とても不思議でした。あとで調べてみたら、日本も仏教の国で、チベットと同じ考え方、同じ心だからこそチベットのことを奥深くまで見てくれたのかなと思いました。

主人が仕事の関係で日本に帰ることになりました。しかし私は日本に行くことがとても不安でした。

中国で日本についていろいろな噂を聞きました。

たとえば、日本では女性は結婚したら家から一歩も出てはいけないし、家で正座をして、ご主人の帰りを待たないといけないとか（笑）。

その上に、お客さんが来たら、おでこを手の甲に乗せて、頭を地面までぺちゃんとつけてものを言わないといけないとか(笑)、いろいろありました。こんな厳しい国は大変だなと、私も正直思いました。

しかし、主人は、

「日本の音楽大学のほうがもっと進んでいるから、勉強したかったら応援してあげるよ」

と言ってくれました。

もしかしたら、主人は勉強することをエサにして(笑)、まず私を日本に連れていって、それからいじめるのではないかと疑ったこともありました。

けれども、主人と六年間もお付き合いをしてきましたから、信じて日本について来ました。

そのときは関西空港がなくて伊丹空港でしたが、着いた瞬間、女性がいっぱい歩いているし、特に大阪はおばちゃんたちがハデで目立ちました。

みんな結婚をしているはずなのに、どうして外を歩いているのかとびっくりしました。噂というのは怖いものですね（笑）。

大阪弁は教科書に載っていない

日本に来て最初に驚いたのは、交通の便がよいことです。北海道でも九州でも大阪から日帰りができます。

私は昔、成都までバスで二日間ということに満足していました。だって、馬よりずいぶん速いでしょう。

しかし、東京に新幹線で行ったとき、うちの田舎のバスはやっぱりちょっと遅いかなと初めて考えさせられました。

また、日本ではあんなにたくさんの車が走っているのに、どうしてビビビビッというクラクションの音が聞こえないのですか。

チベットとか中国でしたら、車を持てるのはすごいエライさんです。とにかく自分が偉いと思っていますから、人が通る道でも、車を走らせて、

「死にたいか」

とどなります。日本では

「どうぞ、どうぞ」

と言ってくれます。同じ人間なのにずいぶん違います。

初めてバスに乗って淡路島に行ったときにも驚きました。

日本のバスはチベットと違って、ソファみたいでした。ですから、主人がチベットで驚いたのもわかります。

そして、眠たかったら、どこかを引っ張れば背もたれが倒れて眠りやすくなる。窓ガラスはきれいに拭いてある。ガラスが割れているところはどこもない。

バスを降りようとすると、運転手さんがわざわざ
「お疲れさまでした。お忘れ物のないように」

と言われます。

大変恐縮しながら、

「いや、私、疲れてないですよ。ずっと寝てきましたので、あなたのほうがお疲れさまでした」（爆笑）

とご挨拶をすると、変な目で見られました。

また、スーパーに行くと、真冬なのに緑のお野菜や果物がたくさんあって、私にとっては夢のようです。

私は主人の両親と一緒に大阪で暮らしていますが、主人の両親と一緒に暮らしていると言うたびに、

「あんた、偉いわね。あんたすばらしいわ」

とほとんどの人がほめます。

別にトラやライオンと一緒に住んでいるわけでもないのに、どうしてそこまでほめるのでしょうか（笑）。

日本の奥さんは姑を、ほとんどトラかライオンかというような感じで言います。

私たちには姑という言い方はありません。同じ「お母さん」です。主人が好きだったら、必ず主人の家族も好きになれるはずだと私は思っています。

しかし、当時言葉ができなかったので、逆に両親には大変ご迷惑をかけました。

私は日本語ができない。両親は日本語しかわからない。お互いに意思を伝えるのは最初はとても大変でした。

特にびっくりしたのは父親で、高倉健さんとそっくりです。顔ではありませんせん(爆笑)、しゃべらないのです。

私は当時、お金がなくて日本語学校には行けませんでしたので、主人にお願いして教科書とかカセットテープを買ってもらい、家で毎日八時間ぐらい勉強しました。

しかし、父親の言葉が聞き取れません。あとでわかりましたが「かまへん、そうやんか」なんて大阪弁は普通の教科書には書いてないのです(笑)。

当時は大変苦労しましたが、いまでは東京にいる外国人より私の方がもう一つ、日本の文化を知っているからよほどうれしいです。それは私の誇りでもあります。

子育ての前に牛育て

私が日本に来たばかりのときは不安がたくさんありました。

なかでも一番大きかったのは、日本語ができないことでした。

でも、言葉が通じなくても、必死に働けば、私の働いている姿を見て、両親がきっと私を嫁として認めてくれると思いました。

働くことには自信を持っていました。

畑仕事でも、牛や羊の世話でも、乳しぼりでもなんでもしてきましたから。

しかしいざ日本に来てみると、畑仕事どころか庭さえなくて、もちろん牛や羊はいません。

じゃあ、家の中のお掃除とか、お洗濯とか、一生懸命にやればいいかな、と思ったんですが、部屋は小さくて、掃除機があるので一分半もかかりません。

親が見る前に終わってしまいます(笑)。

洗濯といえば、チベットでは大きなかごの中に家族全員の服を入れて、川まで運んでいって、洗濯板でごしごし洗うんですが、日本では洗濯機があります。

ここまで豊かなのかと思ったのは、冬に家族でこたつに入っていると、ピーピーという音が聞こえてくるのです。

私はガスが漏れたのかと驚いて、「おかあさーん」と呼ぶと、

「大丈夫よ、これはご飯が炊けたということよ」

と言われるし、ご飯が終わって家族でテレビを見ていると、さっきとは違ったピーピーという音がまた聞こえてきます。

私があわてるとまたお母さんが、

「お風呂が沸いたよ。大丈夫よ」

と言います。

とても驚きました。

人間が遊んでいても、機械が全部やってくれて、その上知らせてくれるんです。

こんなに豊かで便利で綺麗な社会。私には日本が天国と感じられるようになりました。

チベット人が夢の中で描いている天国というのは、いまの日本そのものです。

四季があって、緑があって、食べ物のことも着るもののことも心配しないでいられる。努力すれば、自分がやりたいこともできる。

これが天国なんです。

私は最初、苦労をするつもりで日本に来たのに、こんなすばらしい国とは夢にも思いませんでした。天国のようなところに連れてきてくれた主人には本当に感謝の気持ちでいっぱいでした。

また私はこんなにいいところで暮らしている人は、悩みなど持っていないんだろうと思いました。

もし悩みがあると言ったら、私たちチベット人から見ると、許せないような感じでした。

しかし日本ではいま、

「子育てが大変、子育てが大変」

と叫んでいるでしょう。

チベットでしたら、子育てをする前に牛育て、羊育てがあります。朝四時に起きてミルクをしぼって、沸かしてから、お金持ちの家まで届けなければいけません。

それから子どもたちの世話をするのですが、子どもは言うことを聞いてくれるからまだ楽です。ヤクとか羊は、人間とは通じないところがありますから（笑）。

「お魚が欲しい人には捕る方法を教えなさい」

私自身、最初、日本のものを見ると、どうしてもチベットに思いがいきました。チベットにはないとか、チベットはこうだとか思って、とにかくモノをチベットに送りたかった。

大型ゴミの日にまだ使えるものが捨てられていると、チベットに送れば、あと十年も二十年も使えるのに、と思いました。

テレビで北海道の牧場の番組を見て、搾乳《さくにゅう》機を見たときは本当に感激しました。

北海道ではミルクをしぼるのは手ではありません。

チベットでは、マイナス二十度の冬でも素手で乳をしぼります。そんなときは手が寒くて痛くて折れそうになります。

搾乳機をつけてボタンを押すとサーッとミルクが出てくる。ああ、これをチベットに送ったらどんなに助かるか。

私はハンバーガーショップでアルバイトをしていましたので、お金をためて、チベットに搾乳機を送ろうと思いました。

チベットの母親にこのことを話してみると、一番大変な遊牧地域は電気が通じてない、その上、そこの人々のほとんどが字が読めない。

だから、

「そんなものを送ってきても困ります！」

と言われました。

そのときの私は本当に大きなショックを受けました。こんなに便利な機械があるのに、何で使えないの、と思ったんです。

いま、私の実家には電話があります。

母親は数字が読めないから電話番号がわからないし、最初のうちは電話機を爆弾みたいに思って、

「私はさわりたくない」

と触りませんでした。

「これはおもしろいよ、中から声が聞こえるよ」

と言っても、「いやだ」と言います。

しかし、いまはちょっと慣れてきました。

番号をどういうふうに覚えるかというと、

「真ん中、左、右、真ん中」

やっとのことで姉の家には何とか電話をかけられるようになりましたが、それ以上は無理です。

だから、便利なものがあるのにチベットのたくさんの地域では使えません。

モノを送っても、それがこわれてしまったら終わりです。いくらいいモノがあっても、使い方がわからないと使えない。

結局、字が読めるか読めないかで、人間の生活はここまで違ってしまうのです。

やっぱり教育の問題なのです。

病院をつくろうとしてもお医者さんが必要です。お医者さんには勉強しないとなれません。やっぱり育てていくしかない。

日本では、「お魚が欲しい人には、お魚を与えるのではなく、捕る方法を教えなさい」というすばらしい言葉があります。

そうだ、やっぱり学校をつくるしかない。

中学校、高校、大学などの立派な教育環境を与えることはできないかもしれません。

しかし少なくとも字が読めて、自分のサインができて、牛の数がわかるぐらいの初等教育を受ける場所であれば、一年二年では無理でも、十年二十年必死に努力をすれば、私にもできるはずです。

決心してから七年がたとうとしています。

いまではもう六つの小学校ができて、あわせて千二百七名の子どもたちが学んでいます。
これもたくさんの日本の方々のご支援のお陰です！
心から感謝しております！
今年は七つ目の小学校を絶対に完成させようと思っています。

日本の学校では驚くことがいっぱい

日本の学校に講演に回らせていただくようになって、驚いたことがたくさんあります。
ずいぶん前ですけど、一番最初に日本の小学校に呼ばれたときのことでした。

私は、チベットの小学校とどこが違うのかなあ、日本の子どもたちはどんな様子かなあと、とても楽しみにして行きました。

駅に校長先生が迎えに来てくださって、

「うちの学校はとても古くて、講演をしていただく体育館もかなり古くて、音響も悪いから、先生にはたいへん申し訳ない」

と、すごく恐縮されるので、私はいったいどんなたいへんな学校なのだろうとすごく心配しました。

ところが、古い古いといわれる体育館は、床はぴかぴか、天井もちゃんとついている（笑）。

チベットではグランドがあるだけで、天井のある体育館なんて一度も見たことがありません。

筆記用具のプレゼントに喜ぶ女の子

早朝の朗読

第４小学校

感謝する生徒たち

ヤンジン第２小学校の生徒たち

ヤギの乳しぼり

日本の体育館にはおまけにマイクまであります。チベットでは小学生、中学生がマイクにさわることなどないですから、ちゃんとマイクまであるなんてすごいと思いました。

それなのに校長先生は、

「もうこの体育館は古いので、来年は建て直すんですよ」

と、おっしゃいます。

壊してしまうのなら、このままチベットに持っていきたいという衝動にかられました。

さらにびっくりしたことは、子どもたちは小学校一年生でも鼻水を出していない。

「なんで?」

と思いました。

チベットでは大人と子どもの区別はまず鼻水にあります。

鼻水を垂らしている人は子どもとみなされます。鼻水がダラーッと垂れると、ティッシュもハンカチもありませんから、すすったり、袖でふいたりします。そのせいでほっぺから髪までカチンカチンです。

そういうチベットの子どもたちと日本の子どもたちを比べると、日本の子どもたちは清潔できれいな服を着ているし、体育館があって、プールがあって、何の相談をするかわかりませんが、小学校なのに相談室まであります（笑）。

自分の机と自分の椅子は当たり前のこと、明るくてきれいな教室。うらやましくて、うらやましくてたまりませんでした。

特に子どもたちが背負っているランドセルをチベットの子どもたちにお土産に買って帰りたいと思いました。

しかし、値段をきいてびっくり仰天。ランドセル一個を買うのに、チベットで校長をしている、姉の二か月分の給料がまるまる必要です。

あんな豪華なものを日本の子どもたちはみんな背負っている。すばらしい世界です。

しかし、気に入らないことがあります。子どもたちに

「幸せですか」

と聞くと、

「べつにぃ」

蹴飛ばしてやろうかと思うぐらいです。

「なんでべつにぃと思うの。お父さん、お母さんをどう思いますか」

「わからん、べつに」

だらーんとして答えます。

先生がいっぱいいて、お父さんは髪の毛が薄くなるまで働いてくれて（笑）、お母さんは専業主婦で自分の世話をするために家にいてくれる。

私は一〇〇パーセント、幸せだ、という答えが返ってくるものと思いこんでいましたから、驚いたということを通り越して、怒りだしました。

どうして親にありがたいという気持ちを持たないのですか。

そして、

「〝学校が〟おもしろくない、行きたくない」

と言う。

「〝あんたのほうが〟おもしろくないよ。チベットへ放牧に行こうか」

いま放牧の人数が足りませんから、日本で学校に行きたくない子どもたちをみんなチベットに連れていこうかと思うぐらいです。

本当に日本の学校では驚くことがいっぱいです。

大人はどういう態度を示すのか

たとえばこの間行った中学校では、子どもたちがズボンをお尻のあたりまで下ろしていました。

ズボンの股がもものあたりまできている。後ろからみると、歩く姿が気持ち悪い。あれがカッコいいの？

「あんた、はくか脱ぐかどっちかはっきりしなさい」(笑)

と言いました。

どうして学校ではそんなことが許せるのですか。髪の毛を染めるのは大人もやっているから、しょうがない。でも、あんなズボンのはき方は許せない。

服装は、人間の態度を表しているのです。そんなだらしない格好で、私の話を聞きに来て欲しくないと思います。

他の中学では、こういうことがありました。

何人かの生徒が、床に寝そべっているのです。

最初私は、なにか身体に障害があって、それでかなあと思ったりしました。

ですから注意をせずに話を始めたんですが、話をしているうちに、どうもその態度というか、表情というか、何となく違うんじゃないかなあという感じがしました。

でも我慢して話を終えて、歌の前に五分間休憩をするために控え室に戻ったときに、お世話をしてくださる女の先生に、その子どもたちのことを聞きました。

「もしかしたら、あの子たちは体調が悪いんですか？　だったら病院に行った方がいいのではないですか？」

そうしたらその先生は、

「ヤンジンさん、ごめんなさい。うちには実は髪の毛を染めたり、ズボンの幅を広くしたりして、言うことを何も聞いてくれない子どもがたくさんいるんです。でも気にしないでくださいね」

気にしないで、と言われても、ステージに上がれば、皆さんの表情まではっきり見えるのです。

気にしないわけにはいかないではないですか。

本当はステージに戻りたくありませんでした。しかし、私の話を一生懸命聞いてくれている子どもたちもたくさんいました。その子どもたちのために歌をうたおうと、気持ちを整理してもう一度ステージに立ちました。

「あんな子どもたちほっといたらいいじゃないか」と心のどこかで思う自分もいました。

でもやっぱり気になります。

それでその子たちの方を見たら、寝そべっている子の数が一人か二人増えているではありませんか。これは絶対に許せません。

私は爆発しました。

「歌を聞きたかったら、ちゃんと座って。聞きたくなかったら、出て行け！」

出て行けと言うことは、とても勇気がいりました。

昔、大阪のある学校で、二十人くらいの子どもの前で話をしたときに、とても態度が悪かったので、「聞きたくない人は出て行け！」と言ったのです。

そうしたら六人もさーっと出て行ってしまいました。

その時のことがショックで、それからはなかなか「出て行け！」とは言えなかったのです。
でもこの時はとても強い怒りを感じましたから、思い切って言いました。
そうしたらその子たちは一応座ってくれました。
でも後ろを向いたり、横を向いたりしています。
「私と戦うつもりですか。負けませんよ！」と思い、演台をバンバンと叩いて、
「こっちを向きなさい」
と言いました。
とても怖い目でにらまれました。いま思い出しても本当に怖い。
千人以上いる会場が、シーンとなって、私は腕を組んで待ちました。

そうしたら、最後にはこっちを向いてくれました。

その時、私がもっと驚いたのは、後ろにいたPTAの方々が、わーっと拍手をしだしたのです。

「よく言ってくれた。ありがとう」

という意味であると私は思っています。しかし、みんなの前で子どもがそんな悪い態度をとっているのに、なぜだれも注意しないのですか。

私が言ったから拍手するなんて、とんでもないことです。

先生方も「気にしないで、気にしないで」と、たぶん私に気をつかって言ってくださったのでしょうが、先生が気にしないから、そういう子どもたちが次々と出てきたのではないですか。

こういう子どもたちは可哀想です。

悪い態度を注意もされずにそのままで社会に出ていったら、もっと大きな壁にぶつかって、人生を台無しにするような事態に直面する可能性もあります。

そうなる前に先輩である大人がどういう態度を示すのかということがとても大切だと私は思います。

夢を持たない高校生

高校で驚いたのは、一部の女子生徒が靴をスリッパのようにはいているし、ピアスをズラーッとつけていることです。

あれを見ると、私はチベットの牛を思い出します（笑）。

しかし一番驚くことは、高校二年生に将来の夢とか、目指している学校を聞いても、まだ決まっていない子がいることです。

そして、大学に行っても就職先がないとか、文句を言います。

私は自分が高校のトイレで勉強をしたことを思い出し、許せない気持ちになります。

日本では、保育園から始まって、幼稚園、小学校、中学校、高校、専門学校、短期大学、大学、大学院、それから海外留学もあって、学校生活の中では学園祭があったり、修学旅行があったり。

学校以外にも塾があって、家庭教師がいて、家はいつまでも電気がついて明るくて、冬は寒ければ暖房、夏は暑ければ冷房をつけて勉強ができる。

それでも成績が悪かったら、頭が悪いんじゃないですか（笑）。高校生はもう大人ですから、私もきついことを言います。

成績が悪くても、たとえば先生に対してありがたいなとか、親に対していまはできないけれどいつかは恩返しをしたいとか、夢を持って一生懸命頑張っているというのならわかります。

でも文句ばかり言っている。

私は高校生とそれほど年齢が離れているわけでもないので、自分の高校生活と比べて、そういうことを言ったりします。

また、つい最近、東京のとても有名なある私立大学に呼ばれました。私が壇上に出ると、みんな突然携帯電話を取り出して、一生懸命私に合わせています。写真を撮っている。

それから、何人かがガヤガヤ話をしている。「女の人だし、怒ったら、きっと恥をかいてしまうかな、やっぱり言わないでおこう。自分たちが悪いことはわかってくれるだろう」と、最初、私は我慢しました。しかし、最後までおしゃべりが止まりません。最後の最後に、先生もいらっしゃったのですが、私は叱りました。

「私の話がおもしろくなかったら、寝ていてもかまいません。それは私の責任でもあるでしょうから。しかし、最初から最後までしゃべっているというのはどういうことですか」

大学生はもう立派な大人なのだから、最低でもお互いに尊重する気持ちだけは持って欲しいということを、言ったのです。

生まれて初めて見た親子喧嘩

こういう子どもたちがどうして出てきたのか。私は家庭の中の問題だと思います。

私は日本の家庭で八年間暮らしてきました。私は主人に感謝をしているけれども、一つだけ許せなかったことがあります。それは、主人が父親と喧嘩をしたことです。

それは私が生まれて初めて見た親子の喧嘩で、とても驚きました。

私の田舎には身近な家族が三十二人います。その中に嫁さんが四人、婿さんも四人います。

私たちの社会では、食べ物がなくても、衣服がぼろぼろでも恥ではないのですが、兄弟喧嘩とか、親子の喧嘩は一番の恥とされています。

家の中に平和がないと、絶対幸せではありません。

国も同じだと思いますが、内戦とかよくする国は、だいたい国民も苦しんでいます。

大人も子どもも幸せな笑顔が見られません。

だからこそ、私たちにとって親との喧嘩なんかとんでもないことなのです。

ですから、主人がお父さんと喧嘩をしているのを見たときはびっくりして、どうしたらいいかわかりませんでした。

でも、何があっても主人がいけないと思ったので、私は興奮している主人の脇腹をつかんで、自分たちの部屋に連れて行きました。

話を聞くと、確かに父親にちょっと誤解があって、けっこうきつい言葉を主人に言ってしまって、主人が誤解を解こうとしているうちに喧嘩になったようです。

私は主人に、

「どうしてお父さんと喧嘩をすることができるのか理解できない」

と言いましたが、主人は別に悪いとは思っていないようでした。

しかし、私から見ると、親はどんなに大変な状況の中で自分たちを育ててくれたのかと思います。

たしかにいま、私たちはスーツを着て、仕事もあるし、親なんかいてもいなくても十分自分たちで生きていけます。

しかし、私たちが小さいころ、だれでもウンコちゃんをするし、おしっこもそのままましてしまいます。今の日本では紙おむつ一枚、パッと捨てて替えたらいいですが、チベットでは現在でもおむつを手で洗います。私は弟二人の汚いおむつを一生懸命洗ったことがあります。そのとき、お母さんはいつもこんなのを洗っていていやだろうなと思いました。おむつを洗って干して、またつける。そしてまた洗う。だれだって、それを触るのはいやです。

しかし、子どもを元気に健康に育てるためには、そういうことをしないといけない。私たちの親はみんなそういうふうに私たちのためにしてきたのです。

ですから、自分がいま自立をしているからといって、親を指差してワアワア言うなんてとんでもないことです。

私がどうしてこんなに必死にみんなに喜んでもらおうと頑張っているのですか。主人のため、二人のため、この家庭が幸せであるためです。

「お父さん、お母さんと喧嘩をするなら、私はチベットに帰る。日本にいてほしかったら、そういうことをしないで」

と言いましたら、主人はこれからは絶対喧嘩しないと約束してくれて、

「指切りげんまん」

もしました。

それから半年後、父親は突然六十五歳の若さで心筋梗塞で倒れて亡くなりました。

主人も母も仕事に行っていて、私だけが家にいました。

「早く帰ってきて」

と連絡しましたが、主人の会社から家に帰るのに一時間半かかります。帰ってきたときは、父親はすでに亡くなっていました。主人は泣いて泣いて、

「親孝行できなかった、親孝行できなかった」

と言います。いまさら親孝行ができなかったというのはどういうことですか。

チベットではいま四千五百メートルを越える地域で暮らしている男性の平均寿命は四十六歳です。

四十六歳で亡くなってしまったら、まだ子どもは小さいですから、親孝行ができなくてもわかります。

しかしお父さんは六十五歳まで生きていましたから、主人は成人してから、少なくとも十年間は父親と一緒にいたのです。

この間、主人は何をしていたのか、と私は思いました。

家の中での温かい一言

主人は父親の死のショックから人間が変わりました。

昔は仕事から帰ってきたら、洋服を着替えて、新聞を読んで、お風呂に入って、それから食べる。それが毎日でした。

自分からお母さんにお茶を一杯入れてあげようかとかしませんし、「お母さん、お疲れさま」なんて言いもしませんでした。

でも、日本の親のほうも子どもに甘いです。子どもが帰ってくると、もう三十代なのに、母親は、

「何が食べたい？」

「ロールキャベツ」

「わかった、わかった」

と。

どうしてそんなことを子どもに聞くのですか。三十代になったら、子どもが親に、何を好きかと聞くべきです。私の田舎ではそれが普通です。ところが主人は、母親にご飯をつくってもらうのが当たり前だと思って暮らしてきました。

「たまにはお父さんにお茶一杯入れて」

と主人に言いますと、

「あんたが入れたお茶のほうがおいしい。入れておいて」

と自分は新聞を読んでいました。

そして、自分から気がついてお父さんにお茶を入れようと思ったときには、もうお父さんはいなくなっていたのです。

しかし、お母さんにはとてもやさしくなりました。お母さんが帰ってくると、

「お疲れさん」

とカバンを取ってあげたり、

「ビール、お茶、どっち？」

と聞くようになりました。

お母さんもうれしくて、

「じゃあ、二人でビール半分こしようか」

私はビールが飲めないので、二人でとても楽しそうにビールを飲んでいます。

そのときのお母さんの笑顔はとてもすてきで、きっと、「幸せだなあ」と思っているに違いありません。

海外旅行に連れていくことも、家を建ててあげることも、もちろんすばらしい親孝行ですが、チベットでは一生、海外旅行には行けません。

どういうことが親孝行かといえば、親がいつまでも安らぎの気持ちでいられるようにすることです。

「ありがとうございました」

「本当にお疲れさまでした」

温かい一言をかけられることで、子どもに感謝されているのだなあ、自分たちがいることが子どもたちにとっては幸せなのだなあと親は感じるものなのです。

チベットではそれが親孝行の基本なのです。

私が理解できないのは、主人が自分の親と喧嘩をしていて、もし将来、二人に子どもが生まれたら、主人がどういうしつけをするのかということです。

子どもに何か口答えをされても、自分の行動を考えたら、何も言う権利はないのではないでしょうか。

私の田舎の兄や姉の子育ては自分がやっていることを見てもらうだけ

です。子どもが多いので、一人ずつあれこれチェックできません。私の親もそうでした。

ですから、私はいま何をするにしても、親が昔やっていたことが自然に思い出されるのです。当時、お母さんはどう言っていたかな、「ああ、そう。そういうふうにしてた」とか。だから私はただ母のまねをしているだけです。

豊かさに感謝の気持ちを

世界で一番小さい単位は家庭です。家庭から、地域が生まれて、社会が生まれて、そこから国ができて、地球があるのです。

結局、家庭の単位が基本の基本です。家を建てるのと同じで基礎が一番大切です。

その基礎から崩れていくと、社会はいろいろな問題が出てきます。

日本はいま非常に豊かです。豊かなのは決して悪いことではありません。チベット人も豊かになりたくてどんなに必死に努力をしているか。

しかし、なかなか豊かにはなれません。

日本では先人たちが命をかけて、こんなすばらしい社会をつくってくれたのです。

だから、その豊かさに対してまず感謝の気持ちを持たなければいけません。

今日はたくさんのお話を申し上げましたが、結局は一つだけを言いたかったのです。

それは、自分を生んで育ててくれた親、民族、国に感謝し、誇りを持ち、そして恩返しをすることです。

感謝の気持ちさえ持てば、きっと幸せに気づくはずです。

どんなに恵まれていても、文句ばかり言っていては、心は穏やかでなく、幸せにもなれないのです。

チベットでいままで六つの小学校を建てたのも、ただ自分の故郷に少しでも恩返しができたらという思いからでした。

みなさんがいつかチベットにお越しくださることを心からねがっております。そのときは、きっと私の話を思い出していただけると思います。

きょうは長時間ご静聴どうもありがとうございました。

おわりに

最後までこの本をご覧いただき、どうもありがとうございます。
「はじめに」でも少し書きましたが、テーマによっては私自身勉強不足で、自分勝手に主観的に理解してお話ししたところもあります。読者の方々に対して、失礼なところもあるかと思います。その点に関してはどうかご容赦ください。

自分の思いを本にしたことによって、いろいろな方と意見を交わし、交流することができたらとても幸せです。

いままでチベットとご縁のなかった方々が、この本をきっかけにチベットの子どもたち、チベットの将来にご関心をお寄せいただければ、これほどうれしいことはございません。

最後に、この本の出版にあたり、ご尽力くださいました藤尾社長、致知出版社の皆様に心から厚く感謝申し上げます。

〔著者プロフィール〕

バイマーヤンジン

チベット出身。名前はチベット語ではベマヤンジェン、「ハスの花にのった音楽の神様」の意味。７歳の時からチベット民謡と舞台を始め、中国国立四川音楽大学声楽学部で西洋オペラを専攻。卒業後同校専任講師に就任。中国各地でコンサートに出演。

1994年来日後、日本でたった一人のチベット人歌手として広島アジア大会をはじめ、韓国での音楽祭、APEC大阪大会、阪神・淡路大震災救援演奏等に参加。その他、チベット文化、慣習を紹介するため積極的に小、中、高校やいろいろな国際交流イベント、シンポジウムなどで講演活動を展開。

1997年から、教育を受ける機会が少ないチベット遊牧民のため小学校建設を目的とした講演会、コンサート活動を行っている。現在、チベットには９つの小学校と１つの中学校が開校し、各学校あわせて約3000人の子供が学んでいる。2001年大阪市より社会で活躍する女性に贈られる「きらめき賞」を受賞。2009年新潟県長岡市より、人材育成に大きな成果をあげた人に贈る「**米百表賞**」を受賞。

[お問い合わせ]
チベット学校建設推進協会（オフィス　ヤンジン）
〒565-0862
大阪府吹田市津雲台1-2-D9 南千里ビル3F
TEL：06-6871-5561
FAX：06-6871-5562
ホームページ http://yangjin.jp/

こんにちはバイマーヤンジンです。
――チベットから嫁に来た私の物語――

平成十五年十月十五日第一刷発行
平成二十四年八月八日第六刷発行

著　者　バイマーヤンジン
発行者　藤尾　秀昭
発行所　致知出版社
〒150-0001東京都渋谷区神宮前四の二十四の九
TEL（〇三）三七九六-二一一一
印刷・製本　図書印刷株式会社

ISBN978-4-88474-659-9 C0095
ホームページ　http://www.chichi.co.jp
Eメール　books@chichi.co.jp

人間学シリーズ

修身教授録
森信三 著
国民教育の師父・森信三先生が
大阪天王寺師範学校の生徒たちに、
生きるための原理原則を説いた講義録。
定価／税込 2,415円

家庭教育の心得21
母親のための人間学
森信三 著
森信三先生が教えるわが子の育て方、
しつけの仕方。20万もの家庭を変えた
伝説の家庭教育論。
定価／税込 1,365円

人生論としての読書論
森信三 著
幻の「読書論」が復刻！
人生における読書の意義から、傍線の引き方まで
本を読む、全ての人必読の一冊。
定価／税込 1,680円

現代の覚者たち
森信三・他 著
体験を深めていく過程で哲学的叡智に達した、
現代の覚者七人（森信三、平澤興、関牧翁、
鈴木真一、三宅廉、坂村真民、松野幸吉）の生き方。
定価／税込 1,470円

生きよう今日も喜んで
平澤興 著
今が楽しい。今がありがたい。
今が喜びである。それが習慣となり、
天性となるような生き方とは。
定価／税込 1,050円

人物を創る人間学
伊與田覺 著
95歳、安岡正篤師の高弟が、心を弾ませ平易に
説いた『大学』『小学』『論語』『易経』。
中国古典はこの一冊からはじめる。
定価／税込 1,890円

日本人の気概
中條高徳 著
今ある日本人の生き方を問い直す。
幾多の試練を乗り越えてきた
日本人の素晴らしさを伝える、感動の一冊！
定価／税込 1,470円

日本のこころの教育
境野勝悟 著
「日本のこころ」ってそういうことだったのか！
熱弁二時間。高校生七百人が
声ひとつ立てず聞き入った講演録。
定価／税込 1,260円

語り継ぎたい美しい日本人の物語
占部賢志 著
子供たちが目を輝かせる、
「私たちの国にはこんなに素晴らしい人たちがいた」
という史実。日本人の誇りを得られる一冊。
定価／税込 1,470円

安岡正篤 心に残る言葉
藤尾秀昭 著
安岡師の残された言葉を中心に、安岡教学の
神髄に迫る一書。講演録のため読みやすく、
安岡教学の手引書としておすすめです。
定価／税込 1,260円